In 50 Tagen zum Reichtum
Dein Muttivationsbuch

AF176166

Mutter Hautberg

In 50 Tagen zum Reichtum

Dein Muttivationsbuch

Bibliografische Information der Deutschen Nationalbibliothek
Die Deutsche Nationalbibliothek verzeichnet diese Publikation in der Deutschen Nationalbibliografie; detaillierte bibliografische Daten sind im Internet über http://dnb.d-nb.de abrufbar.

ISBN   9783754397930

9,99 Euro

Lieber Leser,

ich kann mir vorstellen, dass Du den Buchtitel nicht wirklich ernst nimmst und dieses Werk zu Deiner Belustigung gekauft hast, aber die Macht der familiären Motivation ist unumstritten. Der beste Wegbereiter ist die eigene Mutter und weil Deine es nicht so gut hinbekommen hat, bin ich jetzt da. Ich werde Dir viele Ratschläge, Weisheiten und Glücksformeln mitgeben. Lies jeden Tag eine Seite und lass meine Worte Dich begleiten. Sprich sie immer wieder nach, erfülle meine Aufgaben und schaue, wo Dein Fokus landet und was es mit Dir macht.
Egal, was Du erreichen willst, Du wirst es erreichen, wenn Du dieses Buch Tag für Tag durchgehst!

Viel Spaß, Freude und guten Segen.

Deine Mutter Hautberg.

Tag 1

Dranbleiben!
Nur durch Beständigkeit hast Du
Erfolg. Überlege Dir, welche
Nachlässigkeiten es in Deinem
Leben gibt und welche Ergebnisse
es dadurch gab.

Bleibst Du dran?

Tag 2

Vergiss nicht zu Leben. Lass die Sau raus, aber fang sie auch wieder ein.

Tag 3

Schenke heute 5 fremden
Menschen ein Lächeln.

Tag 4

Schau in Dein Handy und lösche die Nummern, die Du seit 6 Monaten nicht mehr genutzt hast oder kontaktiere sie neu, damit sie im Handy bleiben dürfen.

Tag 5

Definiere Deine Ziele. Einmal die nahen und dann die fernen und großen Ziele.

Tag 6

Schon mal mit einem Affen geboxt? Wahrscheinlich nicht oder? Glaubst Du, dass Du es machen könntest, wenn Du es wollen würdest? Wer würde gewinnen und was für eine Affenart würdest Du auswählen.

Tag 7

Verspätungen sind ab heute für Dich glückliche Momente. Nutze die Zeit um Dir mit einem Kugelschreiber kleine Sternchen auf die Fingerchen zu malen. Dann klatsche einmal, Hände in die Luft und Du erzeugst Sternschnuppen.

Tag 8

Bedenke Deine Wohnung und die Wege, die Du gehst. Gibt es eine bestimmte Richtung, in die Du noch nie gegangen bist? Spaziere neue Wege in den Tag. Los!

Tag 9

Natürlich ist es hygienisch wenn Du jeden Tag eine andere Unterhose trägst, aber ist es das wirklich? Hatten die Urmenschen jeden Tag neue Kleidung? Wirft eine Katze ihr Fell ab? Nein, drum trage Deine Shorts einmal so lange, bis Du es nicht mehr aushältst. Das erweitert Deinen Horizont und zeigt Dir, ob Du wirklich Freunde hast.

Tag 10

Geh zum Bahnhof und lass Dich anbetteln. Du hast 20 Euro in 5-Euro-Scheinen mit und verteilst diese. Schau den Menschen dabei tief in die Augen und sag: „Wenn Du mal Millionär bist, will ich das hundertfache zurück". Vielleicht klappts ja.

Tag 11

Dein Musikgeschmack muss sich ändern. Spiele mal etwas ganz Neues ab. Such Dir eine Musikrichtung, die Du eigentlich verabscheust und suche darin einen guten Interpreten, den Du jetzt noch nicht kennst.

Tag 12

Schreib mal einen LiebhabBrief an einen Teil Deiner Familie. Wenn schon alle tot sind: Nimm eine Freundin oder einen Freund, aber nenn sie/ihn: Mama

Tag 13

Erfolgreiche Menschen tragen Kleidung, die besonders ist. Sie untermalen ihre Gesten und ihr Sein mit Kleidung, die nicht von jedermann getragen wird. Wirf alles aus Deinem Kleiderschrank in den Müll, was der Mainstream in Masse durch die Straßen trägt.

Tag 14

Überprüfe vor dem Spiegel, wie weit Deine Augen aufgehen und wie sehr Dein Normalzustand davon abweicht. Nutzt Du das ganze Blickfeld oder verpasst Du die Hälfte vom Leben? Trainiere Dir an, die Augen auf Maximum offen zu halten. Du wirst Dich dran gewöhnen!

Tag 15

Verbanne folgende Worte aus
Deinem Wortschatz:

Birne, Vielleicht, Aber, Fotze, Hallo

Tag 16

Erfolgreiche Menschen haben Stalker! Zähle Deine Stalker oder Neider einmal auf und erfreue Dich daran.

Tag 17

Sitze immer am Fenster. In
öffentlichen Verkehrsmitteln, bei Dir
Zuhause und selbst in Lokalitäten.
Hier siehst Du mehr und bist immer
in mehreren Welten.

Tag 18

Preise Deine Eltern mit einem dreifachen „Hurra" in alle 6 Himmelsrichtungen.
(Zusatzaufgabe: Erfinde zwei neue Himmelsrichtungen)

Tag 19

Kassensturz. Über wie viel Geld verfügst Du wirklich? Was kannst Du abheben? Was aus Deinem Haushalt könntest Du verkaufen, wenn Du Not leiden würdest?

Tag 20

Verstehe, dass der deutsche Staat Dir nichts Gutes will. Er entzieht Dir Energie, Geld und Deine Gesundheit. Vertraue stets Deinem Bauchgefühl. Außer, es schlägt positiv an. Nutze das System, aber mach Dich nicht abhängig. Jeder findet seinen Weg.

Tag 21

Sei eine Windmühle. Habe vier statt zwei Hände. Stell es Dir einfach vor und bewege Deine Hände einmal sehr schnell weit von Dir ab. Nun fliege fast und stell Dir vor, Du hast vier Arme. Verstehst Du? Wenn nicht: Einfach machen und Foto davon auf Instagram posten. Nutze hierfür den Hashtag: VierWindMühlenHände

Tag 22

Achte heute in Deinem
Tagesgeschehen auf die Zahl 13.
Gehe ihr nach und bewerte alles
positiv, was damit zu tun hat und
Dir über den Weg läuft.

Tag 23

Wenn es heute kalt draußen ist, nutze die Kälte um Dich abzuhärten. Wenn es ein warmer Tag ist: Zieh Dir viel zu viel Klamotten mit demselben Ziel an.

Tag 24

Hinterfrage nie eine Tagesaufgabe
Deiner Ziehmutter/also mir.
Ansonsten wird das hier eh nichts.
Also mitmachen, duchhalten und
am Ende Reichtum verwalten.

Tag 25

Man sagt ja, dass Gott am 25ten
Tag die Schnake geschaffen hat.
Preise sie und stelle ein Saftglas auf
die Fensterbank. Die Tiere werden
es Dir in der Zukunft danken.
Erfolgreiche Menschen schließen
oft einen Pakt mit Insekten.

Tag 26

Heute wirst Du überall überpünktlich erscheinen. Du zeigst des Deutschen KlischeeEigenschaft und wirst ersehen, was es mit Dir macht.

Tag 27

Wann hast Du das letzte Mal gebetet und an wen richtete sich das Gebet? Wie wäre es, wenn Du Dich selbst anbetest. Mit Deinem Bewusstsein bete ans Unterbewusstsein. Danke ihm für all die Hintergrundarbeit und gute Zusammenarbeit.

Tag 28

Klopfe heute einmal alle
Materialien Deiner Wohnung
durch. Spüre Deiner Empfindung
dabei nach, lausche dem
Geräusch und ordne nach
Behagen und Unbehagen ein.

Tag 29

Hast Du einen Lieblingsfilm? Nett, aber was ist Dein HassFilm? Finde ihn!

Tag 30

Dein Leib wird heute auf einem Acker, einem Waldboden oder am Strand einfach nur liegen. 30 Minuten lang. Versuche dabei an die Wolken zu denken, die über Dir wehen. Was haben diese für ein Leben? Leben Wolken eigentlich? Und wenn ja, wo und wie lange und sind sie tot, wenn man sie nicht mehr sieht oder nur unsichtbar?

Tag 31

Verzehre einen Popel oder Fleisch von Deinem Finger. Gerne auch Schorf von einer alten Wunder oder Hornhaut von der Fußsohle. Erkenne, dass Du keine äußeren Lebensmittel benötigst. Du bist autark.

Tag 32

Du benötigst manchmal einfach
nur eine Schafherde oder einen
Vogelschwarm zur Beobachtung
um Rückschlüsse aufs menschliche
Gesellschaftsleben zu erhalten.
Nutze dies.

Tag 33

Ab heute wirst Du immer wieder fremde Menschen mit dem Namen ansprechen, von dem Du ausgehst, dass er passt und richtig ist. Mit der Zeit wird sich Deine Trefferrate verbessern und Du wirst keinerlei Fehlschläge mehr erleben.

Tag 34

Was ist die erste Erinnerung an das Leben, was Du gerade lebst? Was denkst Du, wie verklärt diese Erinnerung ist? Ist alles genauso geschehen oder hast Du etwas weggefiltert oder dazu erfunden? Wenn jemand dabei war: Überprüfe Deine Erinnerung.

Tag 35

Hoch die Tassen. Der 35ste Tag an dem Du Dich aufgemacht hast reich zu werden. Das muss gefeiert werden. Auf ins Lokal mit Dir und den teuersten Schnaps bestellen! Wenn es sein muss in Gesellschaft, aber besser noch: Alleine.

Tag 36

Wie vielen Menschen musst Du Danke sagen? Welche Förderer gab es und welche Beziehungen haben Dich zu dem gemacht, der so schlau ist, dieses Buch zu erwerben? Bedank Dich bei diesen Menschen.

Tag 37

Wenn Du eine Zimmerpflanze besitzt, nutze diese für die nächste Aufgabe. Ansonsten geh in die Natur und schaufele eine Blume, einen Strauch oder ein Grasbüschel heraus. Siehst Du all die kleinen Wurzelstränge? Die filigranen, minikleinen und die, die eher hölzern sind. Sie versorgen die Pflanze mit allem, was sie benötigt. Deine Wurzelstränge bilden sich auch gerade. Jede Aufgabe von mir lässt einen neuen Strang entstehen, der Dir aus dem Kopf wächst in Richtung Geld.

Tag 38

Öffne die Webseite Wikipedia, drücke dort auf ZufallsArtikel und lass Dich auf das Thema vollkommen ein. Es könnte sein, dass es was mit Deiner unabhängigen Zukunft zu tun hat.

Tag 39

Stelle Dir selbst diese drei Fragen und beantworte sie ehrlich innerlich:

1. Über welche Leichen bist Du schon gegangen?

2. Über welche Leichen würdest Du gehen?

3. Wie riechen Leichen? Schon mal einen Toten gerochen?

Tag 40

An diesem Tag sollst Du in der Wohnung eigene Durchsagen machen. Laut sprechen und zum Beispiel den Durchruf machen: „In 5 Minuten gehe ich auf die Toilette. Gehe von etwa 200ml aus". So was in der Art. Versuch den gesamten Tag damit zu füllen. Natürlich nur, wenn Du alleine bist.

Tag 41

Kopf hoch! Trage Dein Haupt als
wäre es das Wichtigste. Als würdest
Du es präsentieren. Das
innliegende Gehirn hat es verdient
und wird es Dir danken.

Tag 42

Leihe Dir von irgendwem Geld,
lade es in einem Onlinecasino
hoch, kaufe Lottolose oder setze es
beim Pferderennen ein.
Wenn Du gewinnst, gibst Du Deine
Schulden zurück und ansonsten
hast nicht nur Du Pech gehabt,
sondern der Verleiher auch.

Tag 43

Die Gesundheit ist das wertvollste Gut und das wird durch Deine Antikörper geschützt. Fordere diese heute heraus, setze sie unter Druck und Dich irgendwelchen Krankheiten aus. Wenn Du hörst, wie jemand hustet, gehe ihm nahe. Du brauchst eine Ansteckung.

Tag 44

Hast Du eine Partnerin? Passt sie zu einem Leben in Reichtum oder ist sie zu plump und öde? Könntest Du sie auf einen Empfang mitnehmen und sie würde bewundert werden oder Du bemitleidet? Hol Dir jemanden an die Seite, der auch vorantreibt.

Tag 45

Höre den gesamten Tag hindurch Kinderlieder und versuche nicht mitzusingen oder zu summen.

Tag 46

Packe einen Koffer. Hinein packst Du die Dinge, die Du in Dein neues erfolgreiches Leben mitnehmen willst. Stelle den Koffer direkt neben die Tür.

Tag 47

Wenn Dein Name Klaus lautet oder gar Britta: Such Dir ein gutes Pseudonym aus, was Kraft ausstrahlt. Ganz egal, was andere sagen. Du heißt ab heute

………………………..
Bitte zur Verdeutlichung selbst hier reinschreiben.

Tag 48

MantraTag! Über den Tag verteilt
sage 1000 mal:

Ich bin superreich!

Tag 49

Hast Du schon alle Museen Deiner Stadt/Deines Umkreises angeschaut? Wenn nicht: Los hin!

Tag 50

Nach meinen Berechnungen müsstest Du nun reich geworden sein. Wenn Du es nicht bist, dann hast Du eine meiner Aufgaben nicht wirklich gut erfüllt oder vielleicht falsch verstanden. Wenn dem so ist, dann einfach noch einmal das Buch durcharbeiten. Du schaffst das!